T0047807

¡Observar y realizar experimentos es la mejor manera de aprender y comprender la ciencia! **Cécile Jugla,** autora de libros para jóvenes, está convencida de ello, y por eso hizo esta colección, tan llena de hallazgos.

Jack Guichard, uno de los creadores de la Cité des Enfants, y exdirector del museo del Palais de la Découverte, en París, quiere que los grandes principios científicos estén vivos y al alcance de todos los niños.

Laurent Simon ilustra textos para los más pequeños y los que son un poco más grandes, y de vez en cuando escribe. Disfruta especialmente trabajar con textos de temas prácticos o científicos.

¡Cocorocó! ¡Yo soy quien pone los huevos!

Título original: *La science est dans l'œuf*

Texto de Cécile Jugla y Jack Guichard
Ilustraciones de Laurent Simon
© 2019 Éditions Nathan, SEJER, París, Francia
Traducción: Juana Inés Dehesa

Fotografías © Shutterstock

D.R. © Editorial Océano, S.L.
D.R. © Editorial Océano de México, S.A. de C.V.

Primera edición: 2020
ISBN: 978-607-557-079-2

IMPRESO EN FRANCIA/*PRINTED IN FRANCE*

La ciencia está en
--> EL HUEVO

Texto de **Cécile Jugla** y **Jack Guichard**
Ilustraciones de **Laurent Simon**

OCEANO travesía

Índice

CONOCE EL HUEVO

Encontraste un huevo de gallina en el refrigerador.
¿Qué pasará si lo miras más de cerca?

¿Qué forma tiene?

cuadrada redonda ovalada triangular uf, quién sabe

Respuesta: ovalada.

¿De qué color es?

marrón verde con puntos morado a rayas negras blanco café oscuro

Respuesta: marrón, blanco o café oscuro.

Es tan pesado como...

un vaso de yogurt un kiwi una botella de agua

Respuesta: un kiwi.

El color del huevo depende de la gallina que lo pone y de lo que come. ¡Incluso los hay verdiazules!

¿Ves estos números y letras impresos sobre el cascarón?

Aunque varía en cada país, estos números comúnmente indican la calidad de crianza de la gallina que lo puso o su número de parvada.

0 o 1: la gallina creció relajada y tiene una vida muy libre.

2 o 3: la gallina no es demasiado feliz.

DCR: fecha de consumo recomendada.

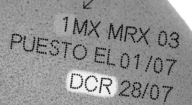

1MX MRX 03
PUESTO EL 01/07
DCR 28/07

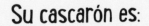

Su cascarón es:

duro

liso

suave

pegajoso

peludo

seco

rugoso

sucio y con paja

¿Puedes lograr que un huevo se mantenga parado?

¡Súper! Has hecho contacto con un huevo. ¡Rápido, da vuelta a la página para conocerlo aún mejor!

DESCUBRE EL INTERIOR DEL HUEVO

Rompe el huevo sobre un plato.

Qué raro se siente jalar la membrana.

Si rompes la cámara de aire, el aire se escapa...

Pfff

¡Increíble!
Para que las gallinas pongan huevos más sólidos podemos darles de comer polvo de caparazón de ostra.

¡Toc. toc!
¿Hay alguien ahí?*

La chalaza es como un resorte que mantiene la yema en el centro del huevo.

La membrana del cascarón o testácea impide la invasión de microbios.

La membrana vitelina separa la yema de la clara.

A partir **del embrión** se desarrolla el pollito: es necesario estar muy cerca para verlo.

La clara protege al joven pollito del frío y los golpes. El pollito se come la clara después de la yema.

El pollito joven se come primero **la yema.**

Es fabuloso: el huevo contiene todo lo necesario para recibir a un pollito.

La cámara de aire se sitúa en el extremo más ancho del huevo.

*Si no hay pollo en el interior, el huevo fue criado sin gallo.

¡Bravo! ¡Conoces perfectamente la anatomía del huevo!

PRUEBA LA SOLIDEZ DE LOS HUEVOS

Recorto los dos conos en la mitad del empaque de huevos.

¡CLAC!

¿Por qué resiste el cascarón?

El cascarón es **ligero**: pesa lo mismo que un terrón de azúcar.

fuerza

Está hecho de pedacitos de **cristales de calcio** puestos uno sobre otro, que forman **bóvedas** dentro del cascarón...

COMPRUEBA SI HAY AGUJEROS EN EL CASCARÓN

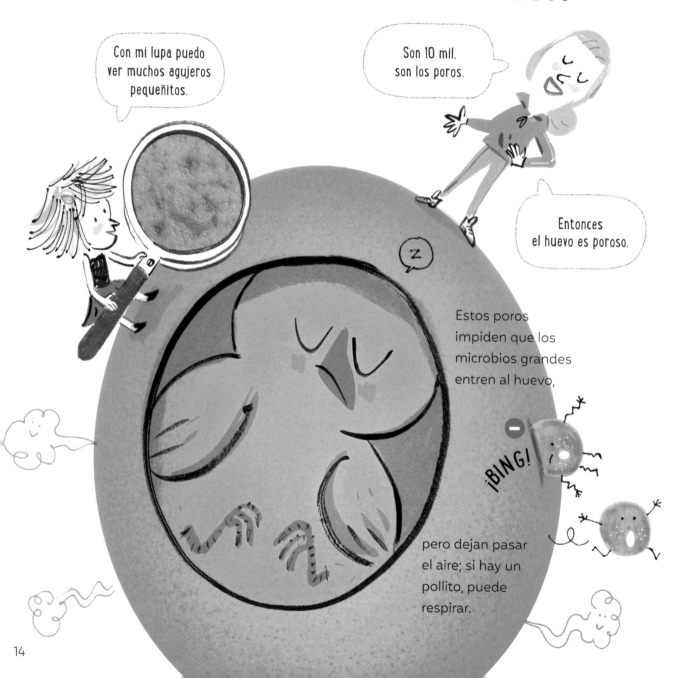

Con mi lupa puedo ver muchos agujeros pequeñitos.

Son 10 mil. son los poros.

Entonces el huevo es poroso.

Estos poros impiden que los microbios grandes entren al huevo,

¡BING!

pero dejan pasar el aire; si hay un pollito, puede respirar.

¿Cómo saber si el aire atraviesa el cascarón?

¡Oh! ¡Hay muchas burbujas alrededor del extremo más ancho del huevo!

Toma un huevo crudo...

y usa una cuchara para ponerlo en agua caliente.

Son las burbujas de aire que salen de la cámara de aire.

¿Por qué salen las burbujas de la cámara de aire?

¡A causa del **calor**! Los elementos microscópicos que forman el **aire** ocupan más espacio y salen por todos los agujeros del cascarón.

¡Eres el rey de la experimentación! Has comprobado la porosidad del huevo.

¿QUÉ EDAD TIENE UN HUEVO?

Sumerge el huevo en el agua para saber su edad.

¿Flota? ¡Tíralo! Es demasiado viejo.

Observa su posición: a cada posición le corresponde una edad.

Más de 8 semanas

Menos de 1 semana

De 1 a 2 semanas

De 3 a 4 semanas

De 5 a 6 semanas

¿Por qué el huevo viejo flota en el agua?

Con el tiempo, la clara pierde agua y ocupa menos lugar; la cámara de aire crece.

Entre más crece, más ligero es el extremo más ancho del huevo, por eso se da la vuelta.

Cuando la cámara de aire es muy grande el huevo es más ligero que el agua. Por eso flota.

El principio de Arquímedes no guarda secretos para ti. Ya sabes por qué el huevo más viejo flota.

COCINA UN HUEVO

Sumerjo tres huevos en una cacerola de agua hirviendo.

Yo pongo el reloj.

3 minutos: huevo pasado por agua

La yema y la clara son líquidas.

¿Cómo se cuecen los huevos?

A temperatura ambiente la clara, formada por mucha agua, es **líquida.** Contiene además otros elementos microscópicos muy juntos.

¡Ganamos!

Con el calor, los elementos se separan y forman una red que aprisiona el agua. La clara se vuelve **sólida...** o dura.

5 minutos: huevo tibio
La yema está líquida y la clara está dura.

10 minutos: huevo duro
La yema y la clara están duras.

¡En la vida no hay que presionarse!

Lo **mismo pasa con la yema,** sólo que le toma más tiempo.

Has comprendido cómo el calor hace que el huevo pase del estado líquido al sólido, felicidades.

HAZ BAILAR A LOS HUEVOS

Éste es el **huevo crudo:** su clara y su yema líquida lo hacen girar más **despacio.**

Éste es el **huevo duro:** su clara y su yema cocidas forman un bloque que **no frena** su estilo.

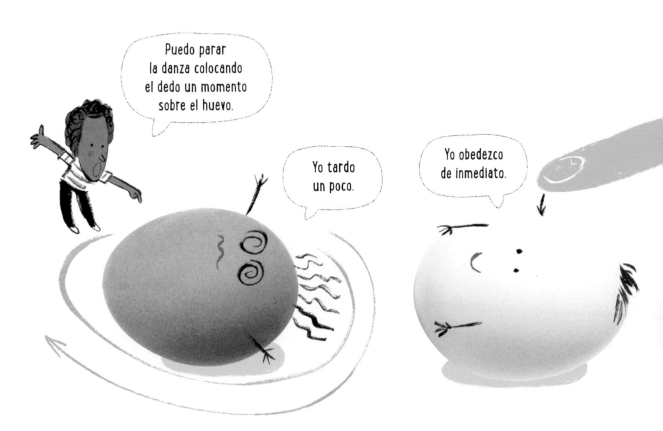

Cuando tocas el cascarón **del huevo crudo,** los líquidos en su interior **siguen girando,** y se llevan consigo el cascarón: es la **inercia.**

Cuando tocas el cascarón del **huevo duro,** el bloque de la yema y la clara, que "se pega" al cascarón, **se detiene** completamente.

¡Bravo! Tú, el rey del trompo, ¡has descubierto el papel que juega la inercia!

HAZ DESAPARECER EL CASCARÓN DEL HUEVO

Coloca el huevo dentro de un vaso.

Cúbrelo de vinagre blanco.

Se forman burbujas alrededor del cascarón.

Somos las burbujas de un gas: el dióxido de carbono.

¿Por qué hay burbujas?

El cascarón está hecho de **calcio,** como la tiza. El ácido del vinagre **carcome** o **disuelve** el calcio del cascarón. El encuentro entre los dos provoca una reacción química que produce burbujas de **dióxido de carbono.**

¿Cómo está el huevo 24 horas después?

Su cascarón desapareció. Ahora es **suave y más grande** que un huevo con cascarón: se bebió el vinagre.

La membrana que lo recubre es fuerte y... **elástica.**

¡Haz rebotar tu huevo!

¡Cuidado! ¡El huevo se romperá si lo dejas caer de una altura mayor a 20 centímetros!

¡Excelente! Como un químico experto, experimentaste el principio de disolución del calcio por la acción de un ácido.

METE UN HUEVO EN UNA BOTELLA

Coloca un huevo tibio y sin cascarón sobre una botella de vidrio vacía.

Llena una ensaladera con agua muy caliente.

La boca de la botella debe ser un poco más pequeña que el huevo.

¡Ooh! El huevo salta. ¡Qué chistoso!

¿Por qué salta el huevo?

Con **el calor, el aire** dentro de la botella se dilata: sus componentes microscópicos se expanden, es decir, ocupan más espacio, y empujan al huevo, que salta en el aire.

Ahora, mete la botella con el huevo dentro de una ensaladera llena de agua muy fría.

Increíble: el huevo entra a la botella.

Un secreto +

Para sacar el huevo pídele a un adulto que sostenga la botella boca abajo bajo el agua caliente del grifo.

¿Por qué se cae el huevo?

Con **el frío, el aire** dentro de la botella **se contrae:** sus componentes microscópicos se compactan, es decir, ocupan menos espacio. Gracias a su forma oval y a su elasticidad, el huevo se desliza dentro de la botella.

¡Bravo! Gracias al huevo has podido comprobar que el aire se dilata y se contrae bajo el efecto del calor y el frío.

PREPARA MAYONESA

Mezcla una yema de huevo con una cucharadita de mostaza, un poco de vinagre, sal y pimienta.

pimienta

sal

vinagre

Guarda la clara para el experimento siguiente.

yema de huevo

El huevo debe estar a temperatura ambiente.

mostaza

Un secreto +

¡Para separar la yema de la clara fácilmente!

Saca el aire de una botella pequeña de plástico apretándola del medio.

Coloca la boca sobre la yema y deja que la botella la aspire suavemente.

Coloca la botella sobre un plato y aprieta hasta que salga la yema.

aceite

¿Qué pasa entre el agua y el aceite?

Por lo general, cuando mezclas agua y aceite, el aceite sube rápidamente y flota sobre el agua. Es una **emulsión inestable.**

En la mayonesa, los componentes microscópicos de la yema de huevo unen el aceite y el agua presentes en la yema, la mostaza y el vinagre. Forman **una emulsión estable.**

BATE LAS CLARAS A PUNTO DE NIEVE

Bate tres o cuatro claras de huevo. ¡Se inflan!

¿Cómo se transforman las claras?

Cuando comenzamos a batir entran burbujas de aire a la clara. Como ocupan más espacio, **la inflan.**

¡Súper cool!

Si seguimos batiendo, las burbujas de aire se vuelven más pequeñas; la clara **se endurece** y las atrapa.

Un secreto +

Bate las claras a punto de nieve con azúcar y pon un poco de la mezcla en el horno. ¡El agua se evaporará, las claras se endurecerán y tendrás merengues!

¡Bien, científico! Probaste la función de un tensoactivo para atrapar las burbujas de aire.